수월봉 연대기

낭이와
타니의
시간 여행

글 **김진철**

2006년 《제주작가》 신인상으로 등단.
이야기의 마력에 빠져 스토리텔링과 문화콘텐츠 분야를 전공했다.
순간순간 떠오르는 영감을 모아 언젠가 나만의 이야기 세계를 만드는 것이 꿈이다.
동화집 《잔소리 주머니》.
jorsal@naver.com

수월봉 연대기
낭이와 타니의 시간 여행

2019년 12월 30일 초판 1쇄 발행

글   김진철
그림   누니모
그림지도   김소라(보마리 작업실)
편집   김지희
디자인   나무늘보, 부건영
펴낸곳   한그루
            출판등록 제6510000251002008000003호
            제주특별자치도 제주시 복지로1길 21
            전화 064 723 7580   전송 064 753 7580
            전자우편 onetreebook@daum.net   누리방 onetreebook.com

ISBN 979-11-90482-03-5(73810)

이 책은 문화체육관광부, 제주특별자치도, 제주문화예술재단의 기금을 받아 발간되었습니다.
이 도서의 국립중앙도서관 출판예정도서목록(CIP)은 서지정보유통지원시스템 홈페이지(http://seoji.nl.go.kr)와
국가자료공동목록시스템(http://www.nl.go.kr/kolisnet)에서 이용하실 수 있습니다. (CIP제어번호: CIP2019051501)

값 15,000원

품명: 도서 제조자명: 한그루 제조국명: 대한민국
전화번호: 064)723-7580 사용연령: 8세 이상
주소: 제주특별자치도 제주시 복지로1길 21
※KC마크는 이 제품이 공통안전기준에 적합하였음을 의미합니다.
※주의! 책의 모서리가 날카로워 다칠 수 있으니 던지거나 떨어뜨려 다치지 않도록 주의하세요.

수월봉 연대기

낭이와 타니의 시간 여행

글 김진철

한그루

아름답고 신비로운
제주의 자연을
사랑하는 이들을 위하여

수월봉 연대기 낭이와
타니의
시간 여행

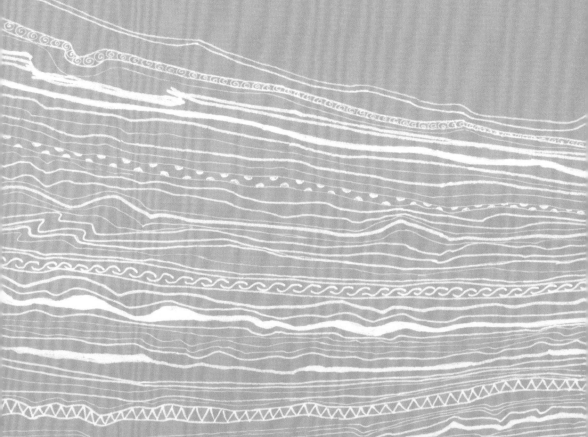

수월봉,
세상에 태어나다

　깊고 깊은 땅속에 마그마마을이 있었어요. 그곳에
는 햇빛마저 들어오지 않았죠. 마그마마을에는 캄캄
한 땅속을 흘러 다니는 말썽꾸러기 낭이와 타니가 살
고 있었습니다. 낭이와 타니의 유일한 놀이라고는
누가 돌을 많이 녹여 몸을 더 크게 만드는지
내기하는 것이었답니다. 매일 똑같은
하루하루를 보내던 그들에게
그나마 위로가 되었던

것은 간간이 스며들어 오는 바람이었어요. 바람은 그들을 찾아와 신기한 바깥 세상 이야기를 속삭여 주었지요. 바람이 들려주는 맑은 하늘과 푸른 바다, 그리고 반짝이는 별들의 이야기는 낭이와 타니에게 상상의 나래를 펼치게 했습니다. 하지만 하늘도, 바다도, 별도 볼 수 없었던 그들은 그저 머릿속에 그려보는 것으로 만족해야 했답니다.

"하늘은 얼마나 높을까? 바다는 얼마나 넓지? 별은 어떻게 반짝이는 것일까?"

　낭이는 바람이 떠나고 나면 아쉬운 마음에 바람이 하고 간 이야기들을 되뇌곤 했어요. 그러던 어느 날 낭이는 큰 결심을 한 듯 말했죠.

"타니야, 우리 바깥 세상에 나가보지 않을래?"
"바깥 세상으로? 하지만 어떻게? 우리는 땅 위로 갈 수 없잖아."
"바람이 그러는데 윗마을에 사는 물님에게 부탁하면 먼 곳까지 데려다줄 거래."

낭이와 타니는 물님을 만나기 위해 윗마을로 올라갔습니다. 땅속을 조용히 흐르는 물은 마치 잠을 자는 듯했습니다. 낭이는 조심스럽게 말을 걸었어요.

"물님, 우리를 바깥 세상으로 데려다 줄 수 있나요?"

당돌한 낭이의 부탁에 물님은 잔잔한 물결로 낭이와 타니를 타이르며 말을 했어요.

"바깥 세상에 왜 가려 하지? 그곳은 너희들이 지금처럼 편히 살 수 있는 곳이 아니란다."
"그래도 가고 싶어요. 하늘도 보고 싶고, 넓은 바다도 보고 싶고, 반짝이는 별들도 보고 싶은걸요."

물님은 잠시 고민을 했지만, 낭이의 간절한 부탁에 마음이 조금씩 움직였습니다.

"음… 좋아. 너희를 밖으로 데려다 줄 수는 있지만 한번 나가면 언제 다시 돌아올 수 있을지 장담할 수 없어. 그리고 너희의 모습도 지금과는 다르게 변하게 될 거야. 그래도 괜찮다면……."

낭이와 타니는 서로를 잠시 바라보고는 고개를 끄덕였습니다.

"좋아, 후회하지 않기다. 셋을 세면 나를 향해 뛰어내리렴. 큰 소리가 나도 놀라지 말고 꽉 잡아. 준비됐지? 자… 하나! 둘! 셋!"

낭이와 타니는 물님의 신호에 맞춰 용기를 내어 물속으로 뛰어들었지요. 그 순간이었어요.

"콰과과광!!!!"

13

하늘이 무너지는 것 같은 소리가 크게 울렸어요. 그리곤 커다란 힘이 낭이와 타니를 땅 위로 밀어 올리는 게 아니겠어요. 둘은 물님이 안내하는 길을 따라 곧장 땅 위로 올라가고 있었어요. 엄청난 소리와 속도에 덜컥 겁이 난 타니는 눈을 질끈 감아 버렸어요. 그렇게 한참을 올라갔습니다. 무언가 뺨을 스치는 느낌에 타니는 눈을 살짝 떴지요. 그것은 바람이었어요. 낭이와 타니가 하늘을 날고 있었답니다. 드디어 바깥 세상으로 나온 것이었지요.

"야호! 우리가 바깥 세상으로 나왔어!"
"와, 이게 하늘인가 봐!"

신이 난 낭이와 타니는 서로 환호성을 질렀습니다. 자욱한 회색의 화산재를 뚫고 높이 올라가 태어나서 처음 만나는 하늘을 넋을 놓고 바라보았습니다. 파란 하늘에는 하늘만 있는 것이 아니었어요. 눈이 부셔 똑바로 쳐다보지 못하는 해님도 있고, 손에 잡으면 바스러져 버릴 것 같은 구름도 있었습니다. 낭이와 타니는 그렇게 신세계를 경험했지요.

하지만 기쁨도 잠시. 낭이와 타니는 몸이 이상해지는 것을 느꼈어요. 자유롭게 흘러 다녔던 몸이 점점 뻣뻣해지는 것을요. 그리고 새빨간 색이었던 몸이 점점 검게 변하고 있었습니다.

"몸이 왜 이러지. 움직이기가 힘들어."
"땅속보다 너무 추워서 그런가 봐."

거기다 이대로 하늘 끝까지 갈 것 같던 몸이 점점 느려지더니 다시 땅으로 떨어지는 게 아니겠어요. 타니는 또다시 겁에 질려 눈을 감아버렸습니다. 낭이와 타니는 하늘로 올라간 만큼 한참을 떨어졌지요. 결국 "철푸덕" 하는 소리와 함께 진흙 같이 질퍽한 땅에 그대로 곤두박질치고 말았답니다. 타니는 낭이가 부르는 소리에 정신을 차려 눈을 떴습니다.

"타니야! 괜찮아?"
"으응. 난 괜찮아."

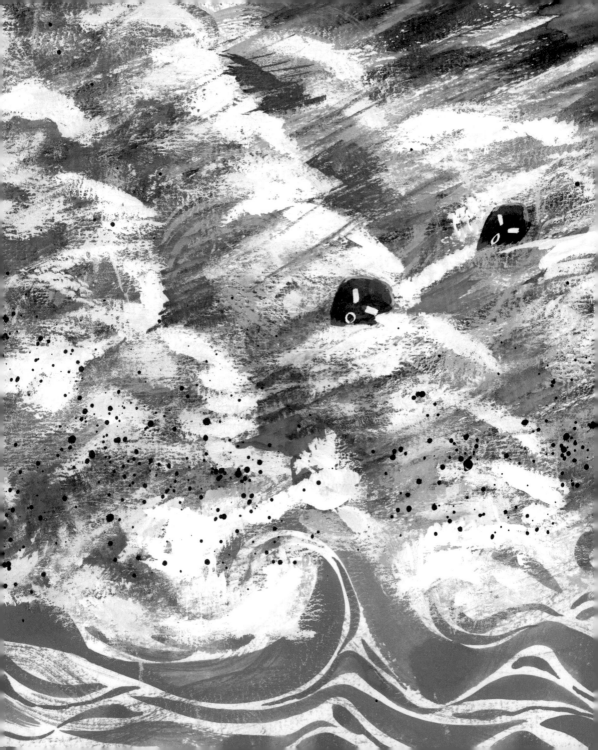

하지만 그게 끝이 아니었답니다. 주위를 둘러볼 겨를도 없이 거센 폭풍이 언덕에서부터 밀려오는 것이 아니겠어요. 깜짝 놀란 낭이와 타니는 피하려 했지만, 예전처럼 몸이 원하는 대로 움직여 주지 않았답니다. 결국 순식간에 폭풍에 휩쓸려 버리고 말았지요. 그 후로도 몇 번의 폭발이 계속되었습니다. 평평했던 땅은 우뚝 솟아오르기도 하고, 움푹 꺼지기도 했지요. 땅속에서 터져나온 회색빛의 재들이 한 겹 한 겹 쌓여갔습니다. 한참이나 떠들썩했던 땅의 움직임이 잠잠해졌습니다. 그리고 전에 없던 넓은 분화구가 모습을 드러냈지요.

얼마나 지났을까요? 신기한 분화구의 모습은 금세 소문이 나 멀리 있던 파도까지 자주 구경을 왔습니다. 어느새 분화구 주변은 파도들이 감싸게 되었지요. 파도는 제 몸을 분화구에 부딪치며, 조금씩 조금씩 분화구의 흙과 돌을 바다로 데리고 갔습니다. 그

덕분에 분화구는 서서히 속살을 드러내고 있었지요.

  그러던 어느 날 무시무시한 폭풍이 몰아쳤습니다. 해님도, 달
님도 그 기세에 구름 속으로 숨어버린 날이었습니다. 폭풍은
분화구를 삼킬 듯이 엄청난 힘으로 들이닥쳐 분화구를 할퀴고
갔어요. 그동안 파도의 유혹을 겨우 이겨내고 있던 분화구 한
쪽의 흙들이 그만 와라락 무너져 내리고 말았지요. 그러자 층
층이 쌓여 있던 지층들이 선명하게 드러났습니다. 그 틈바구니
에서 지층 사이에 박혀있던 낭이와 타니가 눈을 떴습니다. 오
랜 기다림 끝에 낭이와 타니는 드디어 바깥 세상을 마주 볼 수
있게 되었답니다.

  폭풍이 지나간 후 하늘은 다시 잠잠해졌습니다. 해님도 다시
고개를 내밀었지요. 쏟아지는 햇살, 넓게 펼쳐진 푸른 바다, 모
든 것이 바람이 말해주던 모습 그대로였습니다. 아름답게 뜬
일곱 빛깔 무지개도 그들을 반겨주는 것 같았지요.

"어! 낭이야. 네 모습이 달라졌어!"
"네 모습도 그래!"

낭이와 타니는 서로의 모습을 보고 깜짝 놀랐어요. 어느새 단단한 검은 돌로 변해 있었기 때문이지요. 둘은 서로의 모습을 바라보며 한껏 웃었습니다.

돌로 변한 낭이와 타니는 전처럼 마음껏 움직일 수 없었습니다. 비록 몸은 절벽에 묶여 있었지만, 마음만은 훨씬 더 자유로웠어요. 아침이면 떠오르는 해님과 인사를 나누고, 산들산들 부는 바람이 들려주는 이곳저곳의 이야기를 함께 했습니다. 바다 위를 날아다니는 새들의 모습을 한가롭게 구경하고, 밤이 되면 아스라이 뜨는 별들을 맞이했답니다. 낭이와 타니는 그들과 함께 이야기를 나누느라 시간이 가는 줄 모를 정도였지요.

그렇게 별들은 오래도록 뜨고 지기를 반복했고, 낭이와 타니도 바깥 세상에 익숙해져 갔습니다. 그러는 동안에도 파도는 하루가 멀다 하고 그들 곁을 계속 다녀갔답니다. 천 개의 파도가 수천만 번쯤 다녀가자 둥그런 분화구는 해변을 따라 긴 절벽만을 남기고 바닷속에 잠기게 되었습니다. 낭이와 타니가 땅 위로 솟아오른 모험도 추억이 되고 있었답니다.

수월봉 층리

마그마가 물과 만나면?

 땅속에서 올라오던 마그마가 지하수나 바닷물과 만나게 되면 큰 폭발이 일어나게 됩니다. 마치 끓는 기름에 물을 부었을 때처럼 말이죠. 이렇게 마그마가 물과 만나 일어나는 화산활동을 수성화산분출水性火山, hydrovolcanic eruption이라고 합니다. 이때 많은 화산재들이 뿜어져 나오는데, 화산재들이 쌓이면서 층리를 만들게 됩니다.

수월봉 층리

수월봉은 수성화산 활동으로 형성된 지형입니다. 그래서 절벽을 따라 화산재가 쌓여 줄무늬를 이룬 층리를 확인할 수 있답니다. 제주도에서 수성화산 활동으로 형성된 대표적인 곳으로는 성산일출봉, 수월봉, 용머리해안을 들 수 있습니다.

수성화산 활동으로 이루어진 화산체를 응회환凝灰環, tuff ring과 응회구凝灰丘, tuff cone로 구분하기도 합니다. 응회환은 응회구에 비해 경사면이 비교적 완만하면서 분화구의 크기가 상대적으로 큰 화산체를 가리킵니다. 그래서 수월봉은 응회환, 성산일출봉은 응회구로 설명하죠.

　수월봉의 해안가 절벽을 보면 층리 사이사이에 수많은 돌들이 박혀있는 것을 볼 수 있습니다. 이 돌들은 화산활동이 일어났을 당시 아직 굳지 않은 지층 위로 분화구에서 분출된 화산암이 떨어진 것입니다. 이때 돌이 떨어지는 힘 때문에 움푹 파이게 되는데 그 모양이 마치 주머니 같다고 해서 탄낭^{彈囊, bedding sag}구조라고 합니다. 이 돌들이 날아온 방향으로 분화구의 중심이 어느 쪽인지 확인할 수 있기도 하죠. 이 이야기의 주인공인 낭이와 타니의 이름은 바로 이 탄낭에서 따온 것이랍니다.

탄낭구조

선사시대
사람들과의 만남

낭이와 타니는 바람과 별과 즐거운 시간을 함께했습니다. 바람은 지구 반대편의 이야기를 들려주었고, 밤마다 떠오른 달은 아름다운 우주를 여행하는 별똥별의 이야기를 들려주곤 했지요. 낭이와 타니는 바다 저편에 있을 세상을 상상하기도 하고, 별똥별과 함께 여행을 하는 꿈을 꾸기도 했답니다. 그렇게 하루 또 하루가 지나던 어느 날이었어요. 낭이와 타니는 모처럼 기지개를 한껏 켜고 따스한 햇살을 맞이했습니다. 파도 소리가 자장가처럼 간간이 들려오는 한가로운 한때를 즐기고 있었지요.

그때였어요. 허리춤에 가죽을 걸친 한 무리의 사람들이 절벽 위로 몰려왔어요. 그들의 손에는 활이 들려 있었어요. 조심조심 주변을 살피면서 점점 가까이 다가왔습니다. 그들은 여기저기 두리번거리며 흙냄새를 맡기도 하고, 풀들을 살펴보면서 무언가를 찾고 있었어요. 그때 무리를 이끌고 있던 남자가 손을 들어 신호를 보냈어요.

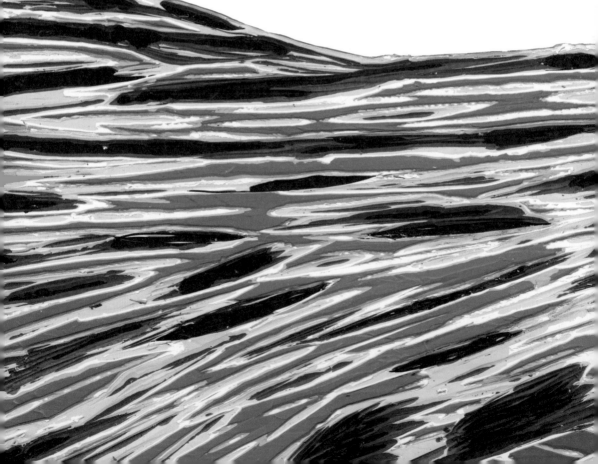

"여기 사슴 발자국이 남아있어. 이 근처로 도망친 것 같군."
"다리에 화살을 맞아서 멀리는 못 갔을 거야. 절벽 아래로 가보자."

　사람들은 절벽 아래로 내려가 도망친 사슴의 흔적을 찾기 시작했어요.

"여기 사슴이 있다!"

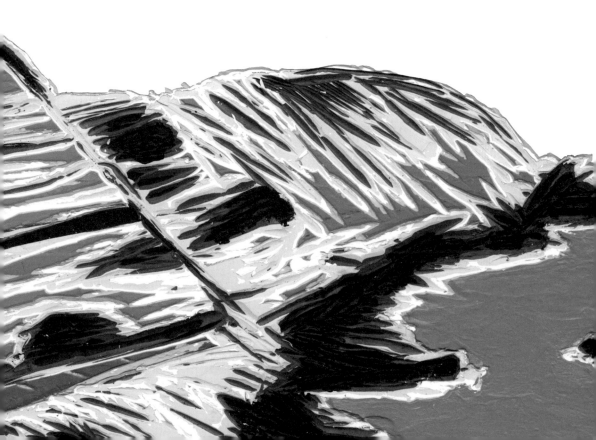

누군가 큰 소리로 외쳤어요. 사람들은 소리가 난 곳으로 몰려
들었어요. 그곳에는 사슴 한 마리가 쓰러져 있었죠. 사람들은
긴 나무막대기에 사슴을 묶었어요.

"오늘은 고기를 배부르게 먹을 수 있겠는걸."

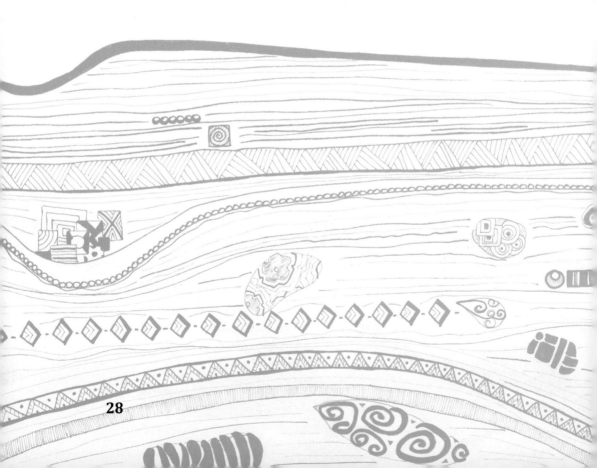

28

사람들의 얼굴에 웃음꽃이 피었습니다. 며칠 후 다시 한 무리의 사람들이 찾아왔어요. 이번에는 어른들과 함께 앳된 아이들의 모습도 보였어요. 꽃을 꺾는 아이, 풀을 뜯는 아이도 있었어요. 그중 한 소년은 돌들을 유심히 보고 다녔죠. 땅을 훑어보며 돌을 찾던 소년의 눈이 어느 순간 낭이가 있는 곳을 향했어요.

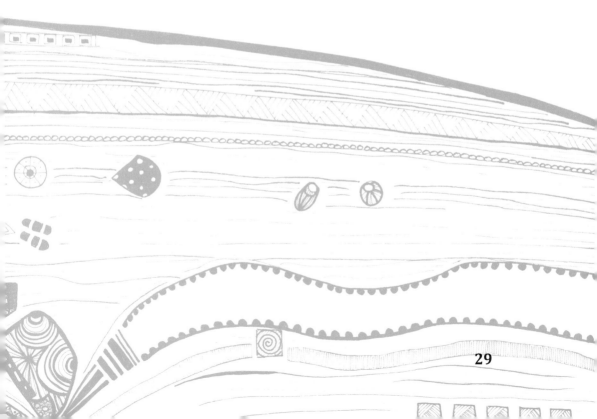

그러다 낭이와 눈이 딱 마주치고 말았습니다.

"여기 이 돌이 좋겠어요."

소년은 낭이를 가리키며 말했습니다. 낭이는 가슴이 철렁 내려앉았어요. 사람들은 절벽에 다가오더니 낭이를 떼어내기 시작했습니다. 낭이와 타니는 손을 꼭 잡고 버텨보았지만 사람들의 힘을 당해낼 수가 없었답니다.

"낭이야!"

타니의 안타까운 외침에도 낭이는 사람들과 함께 사라져 버렸습니다.

어디로 데리고 가는 것일까요. 낭이는 낯선 사람들의 손에서 불안한 시간을 보내야 했습니다. 낭이가 소년의 손에 이끌려 도착한 곳은 오름 아래 개울이 흐르는 곳에 자리 잡은 작은 마을이었어요. 그곳에는 지난 번 사냥을 하러 왔던 사람들이 집을 짓고 살고 있었습니다. 하늘을 향해 뾰족하게 지어진 집들과, 곳곳에 피어오르는 연기들, 왁자지껄한 소리들이 낭이가 있던 곳과 다른 분위기를 풍겼지요. 한쪽에서는 활을 쏘는 연습을 하고 있었고, 사냥으로 잡아온 동물들로 먹을거리를 준비하는 사람들도 있었습니다. 그 옆에는 파닥대는 물고기 몇 마리와 커다란 전복들도 놓여있었죠.

소년은 머리가 하얗게 센 할아버지가 있는 곳으로 향했습니다. 그곳에는 누런 흙 한 무더기가 쌓여 있었어요. 할아버지는 흙을 이용해 무엇인가를 열심히 만들고 있었습니다.

"할아버지, 제가 돌들을 구해왔어요."

소년은 가져온 돌들을 할아버지 앞에 쏟아냈어요. 할아버지는 소년이 가져온 돌들을 하나씩 살펴봤어요.

"꽤 쓸만한 돌들을 가져왔구나. 잘했다."

할아버지는 소년이 가져온 돌들 중 일부를 골라 작업장 옆에 둥그렇게 파여 있는 구멍 안으로 던져두었어요. 낭이도 그 안에 들어가게 되었죠. 할아버지는 다시 작업을 이어갔어요. 주름진 손으로 흙덩이를 만지작거리니 금세 새로운 그릇이 만들어졌어요. 소년은 할아버지 옆에서 마법처럼 그릇이 완성되는 모습을 지켜봤답니다.

"할아버지, 저도 그릇 만드는 법을 알고 싶어요."
"아무에게나 알려주는 게 아니지만, 좋은 돌들을 구해 왔으니 나중에 가르쳐 주마."
"야호! 신난다. 지금 당장 가르쳐 주세요. 얼른요~."

소년은 할아버지에게 달라붙어 졸라댔어요.

"허허 녀석. 잘 봐라. 먼저 흙을 손으로 잘 주물러야 한단다. 흙에 나뭇잎 같은 것을 좀 섞어야 더 튼튼한 그릇을 만들 수 있지. 그러고 나서 그릇 모양을 둥그렇게 내는 거란다."

소년은 할아버지가 가르쳐 주는 대로 흙과 나뭇잎을 잘 섞고 반죽을 했어요. 그리고 조심조심 그릇 모양을 만들어 갔지요. 삐뚤빼뚤한 그릇 하나가 만들어졌어요.

"이제 잘 말렸다가 굽기만 하면 되겠는걸."

다음 날이 되자 할아버지는 그릇들을 낭이가 있는 구멍에 넣고 불을 피우기 시작했어요. 불이 살아나자 뜨거운 기운이 느껴졌습니다. 낭이는 오랜만에 땅속에 있었을

때 기억이 되살아났어요. 타니와 함께 지내던 시절도 떠올랐지요. 말랑말랑하던 그릇들은 점점 단단해졌습니다. 그리고 얼마 후에 멋진 그릇으로 완성이 되었답니다.

소년은 자신이 만든 그릇을 들고 다니며 사람들에게 자랑했어요. 할아버지는 그 모습을 보며 뿌듯하게 바라보았습니다. 소년은 그 후에도 할아버지에게 그릇 만드는 법을 하나씩 배워 나갔어요. 돌을 이용해 뾰족한 화살촉을 만드는 법도 알게 되었지요. 하루하루 지날수록 솜씨가 점점 늘었어요. 할아버지만큼은 아니었지만 제법 그럴듯한 그릇과 화살촉을 만들어낼 수 있게 되었어요.

그렇게 비가 오는 날에도, 눈이 내리는 날에도 변함없이 작업을 이어가던 할아버지가 어느 날부터 나타나지 않았습니다. 할아버지가 불을 피우던 곳엔 찬 기운만 돌고 있었죠. 얼마 후 할아버지가 있던 자리를 소년이 대신하게 되었습니다. 소년은 할아버지가 했던 방식대로 작업을 계속 해나갔지요. 소년은 수염이 덥수룩한 어른이 되고서도, 할아버지처럼 머리가 하얘지고 나서도 그 자리를 지켰습니다. 그리고 또 다른 소년에게 자신의 자리를 물려주었죠. 그렇게 그릇과 화살촉을 만드는 자리는 할아버지에서 소년에게로 몇 번이나 이어졌답니다.

　시간이 꽤 흘러갔습니다. 왁자지껄하던 마을도 어느 순간 조용해졌습니다. 마을 사람들이 다른 곳으로 떠나간 것이지요. 바람이 데리고 온 흙이 낭이의 몸을 덮었습니다. 시간의 주름이 켜켜이 쌓여갔습니다. 낭이는 빛이 보이지 않는 땅속으로 들어가 오랜 잠에 빠져들었습니다.

35

당산봉에서 본 선사유적지

우리나라에서 가장 오래된 신석기 유적은?

1987년 어느 날 고산리에서 농사를 짓던 한 농부가 땅에서 수상한 돌을 발견했습니다. 놀랍게도 이 돌은 1만 년 전쯤 사용되던 신석기 시대의 유물이었습니다. 잠들어 있던 고산리 선사유적지가 세상의 빛을 보게 된 순간이었죠. 그 후 화살촉, 토기 등 수만 점의 유물들이 속속 발굴되면서 평범한 밭으로만 알고 있던 선사유적지의 놀라운 비밀이 밝혀졌습니다. 그것은 바로 우리나라에서 가장 이른 시기의 신석기 유적이라는 것입니다. 고산리 유적이 발견되면서 우리나라 신석기 문화의 시작이 수천 년이나 앞당겨졌다고 합니다.

고산리식토기 출처: 국립중앙박물관 e뮤지엄

발굴된 화살촉 출처: 국립중앙박물관 e뮤지엄

　특히 이곳에서 발굴된 토기는 식물 줄기나 잎들을 함께 섞는 독특한 방법으로 만들어졌답니다. 기존에 볼 수 있었던 우리나라 신석기 시대의 토기와는 다른 모습을 하고 있었죠. 그래서 '고산리식토기'라는 특별한 이름이 붙기도 했습니다. 우리나라 신석기 시대 중 가장 빠른 시기에 사용한 토기인 것이죠. 이런 유형의 토기는 러시아 연해주와 일본 등에서도 발견되었다고 합니다. 그래서 동북아시아 지역 신석기 문화의 흐름을 파악할 수 있는 유물로 주목받고 있습니다.

제주고산리유적안내센터

신석기인들은 왜 이곳에 정착했을까요. 혹시 수월봉의 절경과 차귀도 너머로 저무는 아름다운 노을에 반해 이곳에 정착했을지도 모를 일입니다. 유적지에 마련된 제주고산리유적안내센터에서는 선석기인들처럼 석기와 토기를 만드는 시간여행을 할 수 있답니다.

수월이와 녹고의
안타까운 사연

혼자 남은 타니는 더 이상 바람의 이야기도, 별들의 이야기도 전처럼 즐겁지 않았습니다. 무지개가 뜰 때마다 저 끝에 낭이가 있을까 하는 생각에 한없이 바라만 보는 버릇이 생겼어요. 그렇지만 타니의 간절한 기다림에도 낭이는 돌아오지 못했습니다. 타니의 마음 속 빈자리도 점점 커져갔지요.

한껏 땅을 적시던 봄비가 지난 간 후, 그날도 타니는 무지개가 뜨기를 기다리고 있었습니다. 그런데 타니의 발을 간질이며

땅속에서 무엇인가 꿈틀댔습니다. 하늘만 바라보던 타니는 오랜만에 땅을 내려다보았어요. 씨앗 하나가 땅을 뚫고 나오려고 애쓰고 있는 모습이 보였지요. 며칠을 그렇게 꿈틀대더니 작은 새싹이 고개를 내밀었습니다.

"안녕. 나는 오갈피라고 해."

낭이가 떠난 후 외로웠던 타니에게 새로운 친구가 생겼습니다. 오갈피는 새벽이슬을 마시고, 따스한 햇살을 듬뿍 받으며 조금씩 커갔습니다. 어느새 푸른 잎이 우거지더니 꽃을 활짝 피웠어요. 아름다운 꽃을 머금은 오갈피의 모습을 나비들도 날아와 구경하고 갔습니다. 오갈피는 금세 유명해졌지요.

한적한 바람이 부는 밤이었어요. 그날도 하늘 높이 떠 있는 별들이 오갈피를 구경하러 왔답니다. 밤이 깊은 줄 모르고 이야기에 빠져들었지요. 그런데 절벽 위에서 한 소녀의 간절한 목소리가 들렸어요.

"달님, 별님. 제발 어머니의 병을 고칠 수 있게 해주세요."

그 후로 소녀는 밤마다 절벽 위에서 달님을 향해, 별님을 향해 빌고 또 빌었습니다. 매일같이 찾아오는 소녀의 사연을 모두들 궁금해했지요. 얼마 지나지 않아 바람이 소녀의 안타까운 이야기를 전해주었습니다.

그 소녀의 이름은 수월이었습니다. 다정한 어머니와 하나뿐인 동생 녹고와 함께 살고 있었답니다. 그런데 그만 어머니가 큰 병에 걸리고 만 것이지요. 남매는 어쩔 줄 몰랐습니다. 어머니 병을 고치려고 여러 의원들을 찾아가 보았지만, 아무도 치료 방법을 알지 못했습니다. 그날도 병을 아주 잘 고친다는 의원을 만나러 갔다가 고칠 방법이 없다는 대답을 듣고는 힘없이 집으로 돌아오는 길이었죠. 그 순간 한 스님이 말을 걸었습니다.

"목이 말라서 그러는데 물 좀 얻어 마실 수 있겠니."
"네, 집이 가까우니 저를 따라오세요."

수월이는 스님에게 물을 한 바가지 떠 드렸습니다. 그때 어머니의 기침 소리가 방 안에서 새어 나왔죠.

"누가 아픈 게냐?"
"어머니가 편찮으신데 아무도 원인을 알 수 없어 손을 못 쓰고 있어요."
"그럼 물을 얻어먹은 답례로 내가 한번 살펴보마."

스님은 어머니의 안색을 여기저기 살펴보았습니다. 수월이와 녹고는 떨리는 마음으로 그 모습을 옆에서 지켜보고 있었죠. 어머니의 증세를 모두 살핀 뒤에 스님은 수월이에게 말을 했습니다.

"흔치 않은 병이긴 하나 방법이 없는 것은 아니다. 백 가지 약초를 모아 정성스럽게 달여 먹으면 어머니가 좋아지실 것이다. 약초 이름들을 알려 주고 가마."

희망이 생긴 남매는 그날부터 부지런히 약초를 찾으러 다녔습니다. 손발이 부르트고 상처가 나도 아랑곳하지 않고, 산과 들을 돌아다녔답니다. 그리고 밤마다 달님과 별님이 가장 잘 보이는 절벽을 찾아 약초들을 꼭 찾을 수 있게 해 달라고 정성껏 기도를 드리고 있었던 것이었지요. 한 가지 한 가지 약초를 찾을 때마다 수월이와 녹고는 어머니가 나은 것처럼 기뻐했습니다. 그렇게 고생을 한 끝에 아흔아홉 가지 약초를 모을 수 있었습니다. 하지만 단 한 가지 약초만은 아직 구하지 못하고 있었습니다. 어머니의 병은 점점 깊어가고, 소녀의 시름도 깊어

갔지요. 그런데 모두가 깜짝 놀랐던 것은 그녀가 찾는 마지막 약초가 바로 오갈피였기 때문이었습니다.

그 후로 오갈피의 고민이 깊어졌습니다. 밤마다 들리는 소녀의 기도도 더욱 간절해졌지요. 바람도, 별님도, 달님도, 파도와 나비도 전처럼 오갈피를 보러 찾아왔지만 아무런 말도 해 줄 수가 없었답니다. 모두들 그저 한숨을 쉬는 오갈피를 쓰다듬어 줄 뿐이었지요.

하늘이 투명하게 맑은 날이었습니다. 오갈피의 얼굴이 오랜만에 환해졌습니다. 마침내 결심을 한 듯 바람에게 말했습니다.

"바람아, 저 소녀를 나에게 데려다 주겠니?"
"오갈피야. 다시 한번 생각해 보렴. 꽃을 피운 지 얼마 되지 않았는데……."
"내가 꼭 필요한 곳에서 의미 있는 일을 하고 싶어."

타니가 오갈피를 말려보았지만, 소용이 없었습니다. 오갈피의 결심에 모두들 숙연해졌지요.

46

바람이 심하게 불던 날. 수월이와 녹고 남매는 바람이 이끄는 대로 절벽을 찾아왔습니다. 그리고 바람에 흔들리고 있는 오갈피를 발견했지요. 남매는 매우 기뻐했습니다. 드디어 백 번째 약초를 찾아 어머니를 낫게 할 수 있다는 기대 때문이었습니다. 하지만 절벽에 있는 오갈피를 꺾기란 쉽지 않은 일이었지요.

포기할 수 없었던 수월이와 녹고는 위험한 모험을 하기 시작했습니다. 절벽 위에서 녹고가 잡고 있는 밧줄을 타고 수월이가 한 발 한 발 내려오기 시작했습니다. 험한 절벽을 밧줄 하나에 의지해 내려오는 수월이의 모습은 무척이나 위태로워 보였습니다. 수월이의 몸은 이리저리 움직였지만, 수월이의 눈빛만큼은 흔들림이 없었습니다. 오갈피는 수월이의 눈에 쉽게 보일 수 있도록 몸을 이리저리 흔들고 있었습니다. 모두들 그 모습을 손에 땀을 쥐고 지켜보았습니다.

타니는 수월이가 발을 디딜 수 있도록 어깨를 내어주었습니다. 수월이는 한결 편하게 몸을 지지할 수 있었지요. 타니는 수월이가 떨어지지 않게 절벽을 꽉 붙들었습니다. 수월이의 손이 드디어 오갈피를 꺾었습니다.

"안녕,

모두들 잘 지내······."

오갈피는 행복한 표정으로 수월이에게 몸을 맡겼습니다. 그렇게 타니는 또다시 친구를 떠나보내야 했습니다.

수월이는 오갈피를 구했다는 들뜬 마음으로 절벽을 다시 오르기 시작했습니다. 그리고 녹고에게 오가피를 건네주었지요. 녹고는 이제 어머니의 병을 씻은 듯이 낫게 할 수 있겠다는 생각에 너무나 기뻤습니다. 그래서 밧줄을 잡고 있다는 것도 잊고 오가피가 떨어지지 않도록 두 손으로 꼭 잡았지요. 그 순간 잡고 있던 밧줄을 그만 놓치고 말았습니다.

"앗!"

타니는 차마 볼 수 없어 눈을 감아버렸습니다. 절벽 아래로 떨어진 수월이를 파도가 머나먼 곳으로 데리고 갔습니다.

녹고는 자신의 실수를 탓하며 그 자리에서 몇 날 며칠을 하염없이 눈물만 흘렸습니다. 안타까운 녹고의 눈물은 땅속으로 스며들었습니다. 타니도, 바람도, 별도 모두가 수월이를 생각하며 함께 눈물을 흘렸습니다. 눈물은 그치지 않고 흘러내렸습니다.

그때부터 절벽 아래에서는 끊임없이 물이 흘러 나왔답니다.

수월이와 녹고의 이야기는 마을 사람들의 입에서 입으로 전해졌습니다. 그 후로 마을 사람들은 이곳을 수월봉이라 불렀습니다. 그리고 그치지 않고 흘러내리는 눈물을 보며 사람들은 수월이와 녹고의 마음을 기억했답니다.

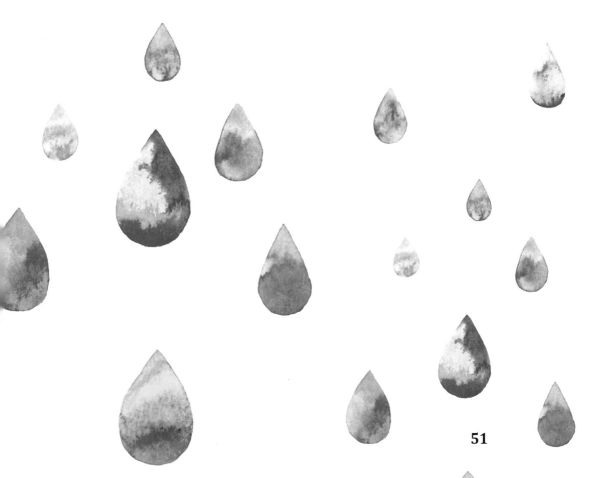

수월봉 엉알길

녹고의 눈물이
지금도 흐르고 있다고?

　제주도 화산암들은 물이 잘 통과하는 성질을 가지고 있습니다. 그래서 비가 내리면 땅속으로 스며들어 버리죠. 곳곳의 하천들도 평소에는 대부분 말라있어 바닥이 그대로 드러나 있습니다. 비가 내려야 비로소 물이 흐르는 하천을 만날 수 있답니다. 그런데 수월봉 절벽 아래에서 자구내 포구에 이르는 엉알길에서는 화창한 날임에도 절벽 틈 사이로 물이 새어나오는 것을 볼 수 있습니다. 이 물을 두고 녹고의 눈물이라 부르는 것이죠.

수월봉 정상에서 바라본 풍경

수월봉에서 바라본 노을

녹고의 눈물

그러면 왜 층리 사이로 물들이 흘러나오는 것일까요. 바로 수월봉의 층리로 스며든 물이 더 이상 땅속으로 흐르지 못하고 새어나오는 것이라고 합니다. 수월봉 층리 아래에는 고산층이 자리 잡고 있기 때문이죠. 고산층은 진흙 성분으로 되어 있어 물을 통과시키지 못한답니다. 그래서 오랜 시간이 지났음에도 녹고의 눈물은 여전히 흐르고 있는 것입니다.

　　수월봉은 녹고물오름이라는 또 다른 이름으로 불리기도 했답니다. 눈이 부시게 푸르른 바다, 그리고 수월이와 녹고의 슬픈 전설이 함께하는 수월봉. 절벽에서 떨어지는 물을 보고 있으면 어디선가 녹고가 누이를 그리며 눈물을 흘리고 있을 것 같기도 합니다.

무시무시한 고종달이와
매로 변한 한라산신

　빛도 들어오지 않는 조용한 땅속에서 낭이는 얼마나 잠들어 있었을까요? 낭이는 슬슬 갑갑했습니다. 푸른 하늘과 넓은 바다가 눈에 아른거렸죠. 그러던 어느 날 툭! 툭! 땅을 두드리는 소리가 들렸어요. 희미했던 소리는 점점 커지더니 갑자기 날카로운 곡괭이가 낭이의 눈앞에 나타났습니다. 낭이는 뾰족한 곡괭이에 찔리지 않으려고 몸을 이리저리 비틀었습니다. 곡괭이는 그칠 줄 모르고 몇 번을 더 땅속을 드나들었지요. 그 순간 낭이는 곡괭이를 타고 가면 밖으로 나갈 수 있을 거란 생각이 들었습니다. 그래서 얼른 곡괭이 끝에 매달렸어요. 곡괭이를 따라 땅속을 벗어난 낭이는 드디어 해님과 다시 만날 수 있었습니다.

낭이가 본 주변 풍경은 예전과 많이 달랐습니다. 여기저기 가득했던 집들은 모두 사라져 보이지 않았습니다. 그저 몇 명의 농부들이 굵은 땀을 흘리며 밭을 갈고 있었지요. 사람들의 모습도 예전과는 달랐습니다. 헝클어진 머리에 가죽을 걸치고 있었던 모습과 달리 머리를 단정히 묶고, 몸을 옷으로 모두 가리고 있었어요. 낭이가 주변 풍경의 변화에 놀라고 있을 때 농부는 무심한 손으로 밭 가장자리 돌무더기에 낭이를 던져버렸습니다. 그곳에는 밭에서 나온 돌들이 모두 모여 있었지요. 돌무더기 옆에는 작은 내가 흐르고 있었습니다. 뙤약볕 아래서 부지런히 밭을 고르던 농부들은 작은 내에서 얼굴을 씻고, 목을 축이며 땀을 훔쳤습니다.

"올해 농사는 잘 되겠지?"

"그래야 될 텐데 걱정이네. 동쪽 마을들은 물이 말라버려 난리라고 하지 않나. 우리는 그렇게 되지 말아야 할 텐데."

"그러게 말이야. 우리 마을은 그나마 이 작은 내라도 있으니 다행이지."

"자, 하늘이 심상치 않아. 비가 올 것 같으니 어서 일을 끝내세."

농부들은 옷을 탈탈 털며 일어났습니다. 그 바람에 돌무더기가 무너져 내리면서 낭이는 작은 내로 떨어지고 말았습니다. 풍덩! 소리와 함께 바닥까지 그대로 잠기고 말았지요. 다행히 물 덕분에 그리 아프지 않았어요. 물속으로 들어간 낭이는 깜짝 놀랐습니다. 물고기들과 게들을 비롯해 작은 내에 살고 있는 동물들이 모두 모여 있지 않겠어요. 하지만 무슨 걱정이 있는지 모두의 얼굴에는 어두운 그늘이 드리워져 있었습니다. 그들 가운데 하얀 수염을 한 할아버지가 서 있었어요. 할아버지는 작은 내를 지키는 수호신이었지요. 모든 동물을 불러모은 수호신이 말을 꺼냈어요.

"얼마 전 남쪽 마을의 지장샘에 사는 친구에게서 고종달이가 우리 마을로 향했다고 소식이 왔네. 그 친구는 겨우 위험을 넘겼지만 대부분의 샘들이 모두 당했다고 말일세. 대책을 세워야 할 것 같아 다들 모이라고 했네."

고종달이가 온다는 말에 모두들 놀랐습니다. 하지만 모두 수군대기만 할 뿐 먼저 나서지는 않았습니다. 물속에서도 비늘이 반짝이는 아름다운 물고기가 말을 했어요.

"큰일이에요. 남쪽 마을까지 당했다면 우리 마을도 무사하지 못할 거예요. 어서 다른 물을 찾아 떠나는 게 어떨까요?"
"그러는 게 좋겠군. 그러면 고종달이가 떠날 때까지 다들 몸을 피하도록 하게."

물고기의 말에 모두들 공감했습니다. 그리고 가족들을 데리고 하나둘 떠나기 시작했지요. 낭이는 무슨 일인지 궁금해 옆에서 떠날 준비를 하고 있는 물고기에게 물어보았습니다.

"고종달이가 누구니? 왜 다들 무서워하는 거지?"

물고기는 한심하다는 듯이 말했어요.

"아직 소식을 듣지 못했구나. 고종달이라는
법사가 제주에 좋은 기운이 있는 곳은 전부
끊고 다닌대. 특히 물이 나오는 곳은 모조리
막아버리고 다닌다더군. 그래서 샘이 말라버
린 곳이 한두 곳이 아니라니까. 나도 얼른 떠
나야 해. 물이 없으면 우린 살 수 없으니깐."

물고기는 그렇게 말하고선 가족들과 함께 얼른 떠나갔어요.
이제 물속에는 물 흐르는 소리만 고요하게 들렸지요.

얼마 후 바람이 몹시 세게 부는 날이었습니다. 고종달이는 무
시무시하고 커다란 뱀처럼 생긴 지팡이를 들고, 기다란 도포
자락을 끌며 검은 개와 함께 마을에 들이닥쳤습니다. 온
동네 물의 기운과 땅의 기운을 끊고 다닌다는 법사의
위세에 마을 사람들도 벌벌 떨었지요. 사계마을의 용
의 기운도 끊어버렸다는 소문은 바람처럼 빨리 퍼져

나갔습니다. 그가 지나간 자리에는 물이 마르고, 꽃이 지고, 나무도 풀도 힘을 잃었습니다.

마을에 도착한 고종달이는 주위를 둘러보았습니다. 그리고는 작은 내 앞에 이르렀지요. 낭이가 물속에 잠겨있는 바로 그 앞에서 고종달이는 멈춰 섰습니다.

"여기가 마지막이군. 이제 내 임무도 끝이다."

고종달이가 힘을 모아 지팡이를 물에 꽂자 순식간에 물이 말라갔어요. 어느새 작은 내는 바닥을 드러내고 있었죠. 미처 떠나지 못해 남아있던 물고기들은 물이 사라지자 움직이지 못해 퍼덕거리기만 했습니다. 물이 없어지는 바람에 낭이의 몸도 물 밖으로 드러나게 되었습니다. 눈앞에서 고종달이를 보게 된 낭이는 벌벌 떨었습니다.

"큰 기운이 있는 곳을 모두 막았으니 당분간은 이 섬에서 큰 인물은 태어나지 않을 거야. 천자께서도 나를 인정해주시겠지. 이제 그만 돌아갈 때가 된 것 같군."

고종달이는 돌무더기를 향해 지팡이를 살짝 흔들었습니다. 그 순간 낭이를 비롯해 주변의 돌들이 모두 사람들로 변했어요. 그들은 뭔가에 홀린 듯 법사 뒤를 졸졸 따라갔습니다. 포구에 도착한 법사가 바다를 향해 지팡이를 휘두르자 잔잔한 바다가 갑자기 회오리치더니 바닷속에서 검은 깃발이 휘날리는 커다란 배가 모습을 드러냈습니다. 고종달이는 검은 도포를 휘날리며 날아올라 단숨에 배에 올라탔습니다. 사람으로 변한 낭이와 돌들도 그 뒤를 따라갔지요. 고종달이가 바다 너머를 가리키자 사람들이 바쁘게 움직였습니다. 바람이 없는데도 배는 유유히 섬들을 비켜가며 빠르게 바다를 향해 나아갔습니다.

이제 마지막으로 큰 섬 하나만 돌아나가면 넓은 바다로 나갈 수 있었어요. 그때 낭이의 눈에 저 멀리 한라산 쪽에서 커다란 매 한 마리가 날아오는 것이 보였습니다. 매는 순식간에 날아와 돛대 위를 빙빙 돌았습니다. 그리고 고종달이를 향해 성난 목소리로 소리쳤습니다.

"나는 한라산신이다. 너는 이 섬에 용서할 수 없는 죄를 저질렀으니, 그 대가를 받아라!"

한라산신이 날개를 펄럭이자 맑은 하늘에 구름이 가득 몰려들었어요. 구름들은 금방이라도 배를 집어삼킬 듯했고, 잠잠했던 바다는 갑자기 요동치기 시작했습니다. 날갯짓을 한 번 할때마다 엄청난 파도가 배를 덮쳤어요. 배는 파도에 휩쓸려 중심을 잡지 못하고 기울어졌지요. 바다로 빠지는 사람들도 있었습니다.

"매 따위가 나를 막을 수 있을 것 같으냐!"

고종달이의 위세도 만만치 않았습니다. 지팡이를 휘두르며 도술을 부려 배를 삼키려는 파도를 모두 쳐냈습니다. 배가 뒤집히지 않도록 안간힘을 썼지요. 한라산신과 고종달이의 싸움이 얼마나 치열했던지 둘의 힘을 견디지 못하고 주위에 있던 섬들이 무너지고 깎여 나갈 정도였습니다.

싸움은 밤낮을 가리지 않고 계속되었습니다. 그렇게 버티던 고종달이의 힘도 점점 약해지고 있었어요.

"영원히 바닷속에서 잠들어라!"

한라산신의 말이 끝나는 것과 동시에 바다에서 하늘에 이르는 거대한 용오름들이 생겨났습니다. 모든 것을 빨아들일 듯 배를 둘러쌌지요. 배는 더 이상 빠져나갈 곳을 찾지 못했습니다. 고종달이는 온 힘을 다해 견뎌보려 했지만 역부족이었습니다. 콰광! 거대한 회오리들이 배를 덮치고 말았습니다. 용오름에 휩쓸린 배는 하늘 높이 떠올랐습니다. 그 바람에 낭이도 용오름에 휩쓸려 한참을 하늘로 올라갔습니다. 그 순간 낭이는 마법이 풀려 다시 돌로 변했습니다. 그리고 해안가로 튕겨져 날아가고 말았답니다.

매가 다시 날갯짓을 하자 하늘 높이 솟아오른 용오름이 갑자기 사라졌습니다. 하늘로 높게 올라가던 배는 그대로 바다로 추락했습니다.

"뚜둑!"

"영원히 바닷속에서 잠들어라!"

충격을 견디지 못한 배는 두 동강이 나버렸지요. 고종달이는
힘이 다해 더 이상 맞설 수가 없었습니다.

"내가 이렇게 무너지다니. 하지만 기다려라. 언젠가 다시 돌아오고 말 것
이다."

고종달이는 배와 함께 바닷속에 잠기고 말았습니다. 잠시 후.
바다는 언제 그런 일이 있었냐는 듯이 조용해졌습니다. 배가
침몰한 곳을 한동안 날아다니던 매는 바다 위에 내려앉았습니
다. 그리고 매는 서서히 바위로 변해갔습니다. 고종달이가 다
시 부활하지 못하게 바위가 되어 그곳을 지키려는 것이었죠.
그렇게 고종달이는 한라산신의 감시 아래 오랫동안 바닷속에
서 잠들어 있게 되었답니다.

고종달이가 사라지자 작은 내의 물이 다시 흐르기 시작했습니다. 물고기들도 다시 작은 내에서 숨을 쉴 수 있었지요. 고종달이를 피해 숨어있었던 사람들도 다시 활기를 되찾았습니다. 그들은 한라산신이 고종달이를 물리친 것에 감사하며 매년 제사를 지냈습니다. 모든 게 예전처럼 돌아왔습니다. 사람들은 그 후로 고종달이가 지나가지 못한 섬을 고종달이가 돌아가는 것을 막은 곳이라 하여 차귀도라 불렀답니다.

차귀도 전경

고종달이와 호종단

    고종달이는 제주설화에서 중국 천자의 명을 받아 용천수를 말려버린 인물로 등장합니다. 뿐만 아니라 뛰어난 인물이 태어날 땅의 기운을 끊고 다녔다고 하죠. 대표적인 곳이 용머리해

매바위

차귀도 장군바위

안입니다. 용머리해안은 큰 기운이 있던 곳인데 고종달이가 허리를 잘라버렸다는 이야기가 전합니다. 고종달이의 마수를 피해서 다행히 위기를 넘긴 용천수들도 있습니다. 서홍동의 지장샘, 토산리의 거슨새미, 영평동 행기물들은 용천수 수호신들의 지혜로 고종달이를 따돌려 물이 마르지 않았다고 합니다.

그런데 고종달이를 역사 속 실존 인물 호종단胡宗旦으로 보기

수월봉에서 본 차귀도

도 합니다. 송나라 출신인 호종단은 고려 예종 때 우리나라에 귀화해서 여러 벼슬을 거쳤다고 하죠. 《신증동국여지승람》이라는 책에는 제주를 떠나려는 호종단의 배를 한라산신의 아우가 매로 변해 침몰시켰다는 기록이 있습니다. 이 기록에는 그 장소가 비양도라고 언급되어 있기도 합니다. 이 이야기가 조정에 알려지자 나라에서는 이 신에게 광양왕廣壤王이라는 직함을 내리고 매년 제사를 지내게 했는데, 이것이 광양당廣壤堂의 유래라고 전합니다.

호종단이 제주에 왔었다는 역사 기록은 찾아볼 수 없습니다. 하지만 제주설화에 고종달이의 이야기가 다수 전하는 것을 보면 혹시 몰래 제주를 찾아왔는지도 모를 일입니다. 이런 설화가 전하는 차귀도에는 1970년대까지만 해도 사람이 살고 있었지만, 지금은 아무도 살지 않는 섬이 되었습니다. 대신 천연기념물로 지정하여 아름다운 자연을 보호하고 있답니다.

일본군 진지와
자살특공대

　어느새 시간은 흐르고 흘러 수월이와 녹고의 슬픈 이야기도,
바닷속에 잠들어 있는 고종달이의 이야기도 할머니가 아이들
에게 들려주는 먼 옛날 전설 속의 이야기가 되고 있었습니다.

　오갈피가 떠나고 다시 혼자가 된 타니는 간간이 내리는 비를
묵묵히 견디며, 쓸쓸히 저물어가는 노을만 바라보곤 했습니다.
해님과 달님이 번갈아 가며 타니의 외로움을 달래주곤 했지만,
하루가 지나고 이틀이 지나도 타니는 혼자서 생각에 잠겨있는

시간이 길어졌습니다. 낭이와 함께했던 추억을 떠올리는 것이
그나마 유일한 위로가 되었지요.

그러던 어느 날 바람이 다급한 모습으로 찾아왔어요. 바람
의 몸에는 여기저기 깊은 상처가 나 있었습니다. 타니는 깜짝
놀랐습니다.

"바람아, 어떻게 된 거니? 몸에 난 상처들은 뭐야?"

바람은 겨우 숨을 가다듬으며 다급한 목소리로 말을 했어요.

"말도 마. 무섭게 생긴 쇠붙이들이 하늘을 막 날아다니고 있어. 그리고 여
기저기 땅에서 불이 번쩍번쩍한다니까. 그곳들을 피하느라 이 꼴이 되고
말았어."
"정말? 도대체 무슨 일이지?"
"너희들도 조심하렴. 언제 쇠붙이들이 날아올지 모른단다."

바람은 그 말을 남기고 휘청휘청대며 날아갔습니다.

얼마 지나지 않아 마을에도 흉흉한 소문이 돌았습니다. 마을 사람들도 어두운 얼굴로 수군수군댔지요.

"일본군이 전쟁에서 점점 밀리고 있대."
"만주에 있던 일본군이 섬으로 들어왔다던데."
"일본군이 여기서 버틴다고 하네. 끝까지 포기하지 않을 거라고 말일세."
"큰일이군. 마을이 전쟁에 휩쓸리면 안 될 텐데······."

마을 사람들은 혹시나 말이 씨가 될까 봐 쉬쉬하며 말을 아꼈습니다. 마을에는 무거운 공기가 떠다니고 있었지요. 하늘도 땅도 모두 어지러운 모양이었습니다.

바람이 다녀가고 얼마 후 손에 총을 든 군인들이 한 무리의 사람들을 이끌고 다가왔습니다. 고개를 떨어뜨린 채 따라온 사람들의 손에는 곡괭이와 삽이 쥐어져 있었어요. 군인들은 차가운 총을 앞세우며 사람들을 몰아세웠지요. 조금이라도 걸음이 늦으면 발길질을 해대기도 했습니다.

절벽 앞에 도착하자 대장으로 보이는 군인이 사람들을 멈춰

세웠습니다.

"자, 이 절벽을 파서 진지를 만든다. 시간이 부족하니 게으름 피울 생각은 하지 말도록 해!"

하지만 사람들은 이미 무척이나 지쳐 보였어요. 곡괭이나 제대로 들 수 있을지 걱정이 될 정도였죠. 결국 참다못한 한 노인이 군인을 붙잡으며 하소연했습니다.

"다른 진지를 만든 지가 얼마 되지 않았잖소. 실 시간을 좀 주시오. 이러다 사람이 죽어 나가요."
"시끄럽다! 잔말 말고 시키는 대로 해!"

군인은 사정없이 노인을 뿌리쳤습니다. 사람들은 군인들의 위세에 겁이 나 어쩔 수 없이 일을 시작했어요. 곡괭이로 절벽을 파는 사람, 흙을 자루에 담는 사람, 자루를 나르는 사람, 모두 땀을 뻘뻘 흘리면서도 각자 묵묵히 맡은 일을 해나갔지요.

날카로운 눈빛으로 지켜보고 있는 군인 때문에 잠시도
쉴 수가 없었답니다. 반나절쯤 지나자 겨우 곡
괭이질이 멈췄습니다. 점심시간이 되었
던 것이죠.

군인들은 사람들에게 겨우 삶은 감자 몇 개씩을 던져
주었습니다. 사람들의 불평이 여기저기서 터져 나
왔지요.

"이걸 가지고 어떻게 배를 채우라고……."
"벌써 며칠째 제대로 먹지도 못했는데 어떻게 일을 하란 말이오."
"이런 대우를 받으면서는 더 이상 일을 못 하겠소!"

사람들은 곧 폭발할 기세였습니다. 하지만 군인은 눈도 깜짝하지 않았습니다.

"그냥 주는 대로 먹어! 그나마도 빼앗기기 싫으면."

사람들의 얼굴에는 불만이 가득했지만 허기를 달래기 위해서는 감자라도 먹을 수밖에 없었습니다. 한 노인이 옆에 앉아 쉬고 있던 젊은이에게 물었습니다.

"자네는 어디서 왔나, 이곳 사람이 아닌 것 같은데?"
"강원도에서 왔소."
"제주 사람들을 몰아세우는 것도 모자라 육지에서까지……."
"전국에서 돌쟁이들이 꽤나 끌려온 것 같더군요. 지난번에 한라산에 잠깐 작업을 하러 간 적이 있었는데 거기서 전라도와 경상도 사람들도 만났소.”

젊은이의 이야기에 사람들은 고개를 절레절레 흔들었습니다. 노인은 한숨을 쉬며 말했어요.

“언제쯤 전쟁이 끝날지 원. 가뜩이나 먹고 살기 힘든데 전쟁 때문에 더 난리라네. 그나마 있던 보리니, 고구마니 군인들이 싹 쓸어 가버리니 말일세. 오죽하면 아낙네들이 길어온 물까지 가져가버리지 않았겠나.”
“저도 알뜨르에서 농사를 짓고 있었는데, 비행장 만든다고 쫓겨나기까지 했습니다요.”

노인 옆에 앉아 있던 사람이 거들었어요. 사람들은 서로의 처지를 털어놓으며 그동안 마음속에만 쌓아두었던 응어리를 하나씩 풀어냈지요. 하지만 그런 평화도 잠시뿐이었습니다.

“점심시간이 지난 지 한참인데 뭣들하고 있어!”

군인들의 성화는 계속되었고, 사람들은 다시 곡괭이를 들 수밖에 없었지요. 그렇게 며칠간 절벽을 파 들어간 끝에 드디어 큰 구멍이 뚫렸습니다.

달빛마저 어두운 밤.

사람들이 분주하게 움직이는 소리가 들렸어요. 군인들이 무엇인가를 굴 안으로 집어넣고 있었지요. 그 옆에는 아직 앳된 얼굴을 한 소년병들도 함께 있었습니다.

"너희의 임무는 연합군의 배가 나타났을 때 이 특공정을 타고 그대로 돌진하는 것이다! 알겠나!"

"넷!"

소년병들은 비장한 얼굴로 손을 올려 경례를 했습니다. 그 후로 소년들은 낮과 밤을 가리지 않고 번갈아가며 진지를 드나들었지요.

"연합군이 이쪽 해안으로 상륙할 수 있다는 첩보가 들어왔다. 주둔하는

86

병사들을 늘리고 오늘부터 밤새 경계를 서도록 해라. 수상한 낌새가 있으면 바로 출동하도록 해!"

그 후로 하늘을 가르는 듯한 소리만 나면 소년들은 폭약을 실은 배에 올라타 출격할 준비를 했습니다. 하지만 소년병들의 얼굴에는 두려운 기색이 가득했지요. 누구는 다리를 떨고 있었고, 그 자리에 주저앉아 버리거나 오줌을 지리기도 했습니다. 군인들은 매번 소년병들을 독려했지만 소년들의 두려움을 없앨 수는 없었습니다. 소년병들은 옆에서 다그치는 군인들의 손에 이끌려 어쩔 수 없이 배에 올라 출격을 기다려야 했습니다.

얼마 후 갱도진지 안은 무기들로 가득 채워졌습니다. 진지를 넓히기 위해서 사람들은 다시 절벽을 파는 작업을 해야 했습니다. 이번에는 타니가 있는 곳이었어요. 끊임없는 곡괭이질에 여기저기 잠들어 있던 흙들이 비명을 질렀습니다. 타니는 어떻게든 떨어지지 않으려 애를 썼지만, 점점 버티기가 힘들었습니다.

"안 돼!"

타니는 결국 힘없이 무너져 내리고 말았지요. 사람들은 절벽
에서 떨어진 타니를 어디론가 실어날랐습니다.

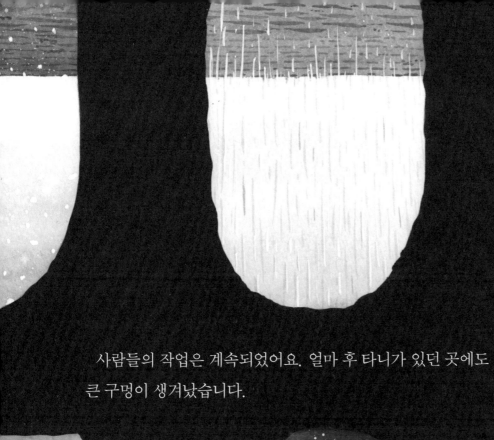

사람들의 작업은 계속되었어요. 얼마 후 타니가 있던 곳에도
큰 구멍이 생겨났습니다.

송악산 갱도진지

물까지 빼앗아간 일본군

　제주도 어디에서든 볼 수 있는 오름은 제주도만의 독특한 매력적인 풍경입니다. 하지만 오름을 오르다보면 사람이 파놓은 굴을 볼 수 있는 곳이 많습니다. 그것은 일제강점기에 일본군의 군사진지로 사용되기 위해 만든 시설들입니다. 일본군은 제주도를 전쟁의 전진 기지로 삼았습니다. 그리고 제주도 곳곳의 오름에 군사진지로 활용할 갱도를 뚫어놓았죠. 성산일출봉, 송악산, 서우봉, 황우지해안 등에는 대규모 군사 시설을 확인할 수 있습니다. 심지어 한라산의 어승생오름에도 군사 시설을 만들었던 흔적이 남아있습니다. 이런 군사 시설을 만드는 데 제주도 사람들이 다수 동원되었다고 합니다.

　수월봉 역시 전쟁의 소용돌이를 피해 가지 못했습니다. 더구나 연합군이 상륙할 가능성이 높은 해안으로 여겨져 특별공격대가 주둔했다고 하죠. 이들은 연합군의 배가 해안에 나타나면

수월봉 갱도진지

폭약을 실은 배를 타고 그대로 돌진하는 자살특공대였습니다. 그래서 1~2명이 탈 수 있는 해상특공정을 배치하여 수월봉 해안가를 감시했습니다. 모슬포의 알뜨르비행장에서는 비행기를 이용한 자살특공대가 운영되기도 했죠.

당시 일본이 일으킨 전쟁에는 다수의 소년병들이 동원되었

다고 합니다. 수월봉에 주둔한 자살특공대에 소년병이 있었다
는 기록은 확인할 수 없었지만, 이 이야기에서는 어린 나이에
참혹한 전쟁 현장에 서야 했던 소년들의 모습을 상상해 보았습
니다. 어쩌면 어른들의 욕심 때문에 가족들과 떨어져 두려움에
떨지는 않았을까요.

　전쟁은 척박한 땅에서 살아가던 제주 사람들을 더욱 힘들게
했습니다. 당시 7만 명에 이르는 일본군인들이 제주도에 들어
왔다고 합니다. 일본군은 제주도 사람들에게서 보리, 콩, 고구
마 등의 음식을 비롯해 그릇과 잔디, 심지어 물까지 빼앗아갔
다고 합니다. 다행히 일본이 항복을 하면서 제주도에서 연합군
과 일본군의 전투는 일어나지 않았습니다. 만약 전투가 벌어졌
으면 어떻게 되었을까요? 아름다운 수월봉의 모습을 지금은 볼
수 없었을지도 모릅니다.

바다를 밝히는
아름다운 도대불

한라산신의 용오름에 휩쓸려 자구내 포구에 떨어진 낭이는 그곳에서 고기잡이 배가 드나드는 것을 지켜보았습니다. 하지만 호종단이 바닷속에서 심술을 부리는 것인지 차귀도의 바다는 순간순간 배들을 위험에 빠뜨렸습니다. 자칫 방심했다가는 금세 물살에 휩쓸려버리는 경우도 있었어요. 그렇게 떠내려간 배들은 다시는 돌아오지 못했지요. 낭이는 돌아오지 않는 배들을 기다리며 안타까워했습니다.

그날도 매서운 바람이 불었습니다. 순이 아버지는 여느 때처럼 자구내 포구에서 배를 띄워 차귀도로 건너가려고 했습니다. 마을 친구는 그런 순이 아버지를 말렸습니다.

"오늘도 바다에 나가나? 배를 띄우기엔 파도가 좀 심한 것 같은데."
"걱정 마. 차귀도에 잠깐 갔다 올 거야."

순이 아버지는 친구의 걱정스런 배웅을 받으며 배를 띄웠습니다. 그런데 순이 아버지의 배가 차귀도에 도착하자 바다는 더욱 심하게 출렁거리기 시작했습니다. 도저히 배가 버틸 수가 없는 파도였습니다. 그렇게 날은 점점 어두워졌지요. 낭이는 매서운 파도 소리에 움츠리며 잠이 들었습니다. 얼마 후 낭이는 사람들이 여기저기 외치고 다니는 큰 소리에 잠에서 깼습니다.

"큰일 났어요. 순이네 배가 부서졌어요!"

사람들이 해안가로 몰려들었습니다. 바닷가에는 부서진 배

조각들이 떠내려와 있었습니다. 분명히 순이네 배였습니다. 모두들 걱정스런 얼굴로 말없이 서로를 바라볼 뿐이었습니다.

"그렇게 위험하다고 말렸는데도 배를 띄우더니…."

순이네 가족들은 떠밀려온 배 조각을 부여잡고 말없이 울고 있었습니다. 그 모습에 낭이도 눈시울이 붉어졌지요. 가마우지도 가족들을 위로하는지 하늘 위를 빙빙 날고 있었습니다. 그 일이 있은 후로 포구 한켠에 자리 잡은 할망당에는 바다에 나가려는 사람들의 발길이 더욱 잦아졌습니다.

"이번에는 물고기를 많이 잡게 해주십시오."
"제발 무사히 돌아오게 해주세요."

할망당에서는 사람들이 기원하는 소리가 잔잔히 울려 퍼졌지요. 그럴 때마다 낭이에게는 사람들의 이야기를 조용히 들어주며 걱정 말라고, 무사할 거라고 말해주는 할망신의 목소리가 어렴풋이 들려왔습니다. 그 목소리를 들으면 낭이의 마음마저 편안해지곤 했지요. 물론 사람들에게는 들리지 않았지만 말이죠.

시간이 흘러 자구내 포구의 모습도 변해갔습니다. 거센 파도를 막는 방파제가 들어섰지요. 사람들이 타고 다니던 작은 돛단배의 모습도 점점 보이지 않게 되었습니다. 대신 기다란 굴뚝 같은 것에서 연기가 나는 배들이 포구를 드나들기 시작했지요. 많은 짐들을 실은 화물선도 보였고, 사람들을 가득 태운 여객선도 드나들었습니다.

"일본에 가실 분은 어서 타세요. 배가 곧 출발합니다!"
"영수야, 일본 가서도 밥 잘 챙겨 먹어야 한다."
"네, 어머니. 돈 많이 벌어서 돌아올게요. 그때까지 건강하셔야 해요."

　사람들은 그렇게 배를 타고 먼 길을 떠나기도 했습니다. 낮과 밤을 가리지 않고 많은 배들이 다녀갔습니다. 하지만 밤이 되면 어디가 포구인지 분간하기가 어려웠죠. 그래서 암초에 걸리거나 급류에 휘말리는 배들이 종종 생겨났습니다.
　그러던 어느 날 포구의 밤을 밝히는 등대가 세워졌어요.

"안녕, 난 도대불이야. 밤마다 불을 밝혀서 사람들이 포구를 찾아올 수 있게 할 거야."

　낭이는 새로운 친구가 생겼어요. 도대불은 바다가 어두워지면 불빛을 바다로 힘껏 보냈습니다. 덕분에 배들은 밤에도 자구내 포구를 드나들 수 있게 되었습니다. 예전보다 바다에서 일어나는 사고도 훨씬 줄어들게 되었어요.

99

낭이는 도대불과 함께 밤을 새우기도 했지만 곧 밀려드는 잠을 이겨내지 못해 꾸벅꾸벅 졸았습니다.

매일같이 불을 밝히던 도대불은 점점 지쳐갔습니다. 여기저기 생채기가 나기도 했지요. 이대로 도대불이 쓰러지기라도 하면 큰일이었습니다. 사람들에게 꼭 필요한 존재였기 때문이었죠. 그래서 사람들은 도대불을 좀 더 튼튼하게 만들기로 했습니다. 공사를 위해 사람들은 여기저기서 쓸 만한 돌을 모아왔습니다. 마침 가까이 있던 낭이도 함께하게 되었지요. 하지만 적당한 돌들을 구하기가 쉽지 않았습니다.

"이 돌들로는 부족할 것 같은데…."
"예전에 일본군 진지를 파다가 나온 돌들을 가져다 둔 곳이 있는데, 거기를 가보자고."

사람들은 절벽 아래 쌓여 있는 돌무더기에서 여러 돌들을 골랐습니다. 그중에는 타니의 모습도 보였지요. 타니는 사람들의 손에 들려 자구내 포구로 옮겨졌습니다. 그때 타니의 눈에

100

낯익은 모습이 들어왔어요. 바로 낭이였지요. 둘은 서로의 모습을 확인하고 반가움에 소리를 질렀어요.

"낭이야!"
"타니야!"

사람들은 부지런히 모아 온 돌로 도대불을 다시 세우기 시작했어요. 커다란 돌로 주춧돌을 삼고 작은 돌들을 점점 쌓아올리는 것이었죠. 타니는 가장 아래 자리를 잡았습니다. 낭이는 꽤 위쪽에 놓였죠. 점점 사다리꼴 형태가 모양을 갖춰갔습니다. 얼마 후 드디어 새로운 모습의 도대불이 완성되었어요.

도대불은 새 모습으로 단장한 뒤에 더욱 열심히 일을 해나갔습니다. 낭이와 타니는 도대불과 함께 불을 밝히는 역할을 하는 게 자랑스러웠어요. 사람들이 안심하고 포구를 드나들 수 있도록 도울 수 있는 것이 뿌듯했죠. 그리고 둘이 다시 만나 함께 의미 있는 일을 할 수 있게 되어 행복했습니다.

저녁놀을 뒤로하고 차귀도 너머로 해가 저물면 도대불에 불이 밝혀졌습니다. 배들은 도대불의 빛을 이정표 삼아 만선의 꿈을 안고 포구를 드나들었습니다. 낭이와 타니의 마음에도 환한 불이 밝혀집니다. 이제 더 이상 헤어지지 않을 둘은 그렇게 바다를 바라보며 오래도록 서 있었습니다. 그리고 그동안 자신들이 겪은 일들을 밤새 늘어놓았답니다.

자구내 포구에서 바라본 풍경

자구내 포구를 밝힌 등대

    제주 사람들은 섬이라는 환경 때문에 바다에 기대어 생활해야 했습니다. 바다는 사람들에게 도움을 주기도 했지만 그만큼 위험이 도사리고 있기도 했죠. 바다에 나갔다가 풍랑에 휩쓸려 돌아오지 못한 배들도 있었습니다. 차귀도에 대나무를 하러 갔다가 풍랑에 휩쓸린 강씨와 남편이 돌아오지 않자 스스로 몸을 던진 아내 고씨의 안타까운 이야기는 절부암을 통해 전하고 있습니다.

절부암

할망당

　일제강점기에는 큰 배들이 자구내 포구에 드나들기 시작했습니다. 목포와 고산항을 왕래하는 화물선이 다녔고, 제주도와 일본 오사카를 운항하는 여객선이 고산항에 들르기도 했습니다. 이때 등대 역할을 했던 것이 도대불이었습니다. 도대불은 등명대燈明臺라고도 합니다.

　자구내 포구의 도대불은 일제강점기에 화물선 운항 때문에 만들어졌다고 전합니다. 그때는 나무 사다리를 놓고 올라가 유리문을 열고 등잔을 넣는 방식이었다고 하죠. 《한라일보》에 실린 한 인터뷰를 보면 옛날에 있던 도대불의 모습은 지금과는 조금 달랐다고 합니다. 그래서 사람들이 도대불을 고쳐 세우지 않았을까 하는 상상으로

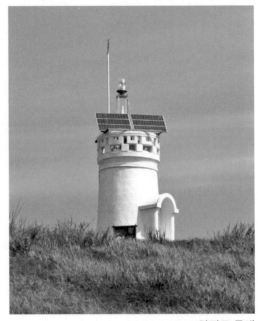

차귀도 등대

이야기를 풀어보았습니다. 현재는 자구내 포구와 차귀도에 현대식 등대가 세워져 있습니다. 어쩌면 자구내 포구의 도대불도 예전처럼 다시 불을 밝히고 싶어 하지는 않을까요?

참고자료

《고산향토지》, 고산향토지 발간위원회, 2000.

《수월봉 트레일》, 제주특별자치도 세계유산본부·제주도 세계지질공원 트레일
위원회.

《제주문화원형-설화편1》, 제주특별자치도·제주연구원, 2017.

《제주 태평양전쟁유적 종합정비 및 활용계획 수립 용역》, 제주특별자치도,
2015.

국립중앙박물관 e뮤지엄(emuseum.go.kr)

우리역사넷 홈페이지(contentes.history.go.kr)

제주고산리유적안내센터 홈페이지(gosanriyujeok.co.kr).

제주도지질공원 홈페이지(www.jeju.go.kr/geopark).

　수월봉은 약 1만 8천 년 전 격렬한 화산활동으로 인해 형성된 오름입니다. 해안을 따라 이어진 수월봉의 모습은 볼 때마다 저절로 감탄이 나오곤 합니다. 수월봉은 세계적으로도 지질학적 가치를 인정받고 있습니다. 제주도 형성의 비밀도 살짝 엿볼 수 있는 곳이죠. 그래서 제주도의 세계지질공원 명소로 소개되고 있습니다.

여기에 수월봉과 함께 살아온 사람들의 이야기가 있습니다. 신석기 시대 사람들의 삶의 터전이었고, 수월이와 녹고의 슬픈 이야기, 일제강점기에 겪어야 했던 아픔도 남아있습니다. 그 모든 일들을 지켜본 것은 수월봉과 함께 탄생했던 돌들일 것입니다.

　　오랜 시간 동안 수월봉과 함께했던 돌들의 눈으로 수월봉의 자연, 역사, 문화 이야기들을 풀어보았습니다. 모쪼록 낭이, 타니와 시간 여행을 함께 하면서 아름답고 신비로운 수월봉의 진면목을 만날 수 있기를 바랍니다.